JN139677

あなたを成功に導く
108の心得

新川 紗敏

リンパビジネスの誕生

母と私。
私はひとりっ子であった。

きっかけは母の病気だった。

全身リンパがんで余命4～6か月と言われたのだ。しかし、発酵食品である甘酒を飲んでもらい、のちのマットの原型となる鉱石のベッドで体を温めて老廃物を流した結果、母はすっかり元気に。その後16年も健康に過ごしたのである。

この母の病気を代替医療で治した経験をもとに、方法論をビジネスとして確立し、世に提案することになった。

Grand Open

2004年ピュアクリスタルのグランドオープンパーティ。

余命4～6か月と言われた母だが、快復後は健康に過ごし、喜寿のお祝いをするまでに。

生育光線の出ているホルミシス効果のマット

糖鎖を正常にしてくれるサプリメント「ピュアMAX8」

リンパを流す働きを持つ美容液「エムブランエッセンス」

要望があれば全国各地を飛び回り、予防医学講演会を行っている。

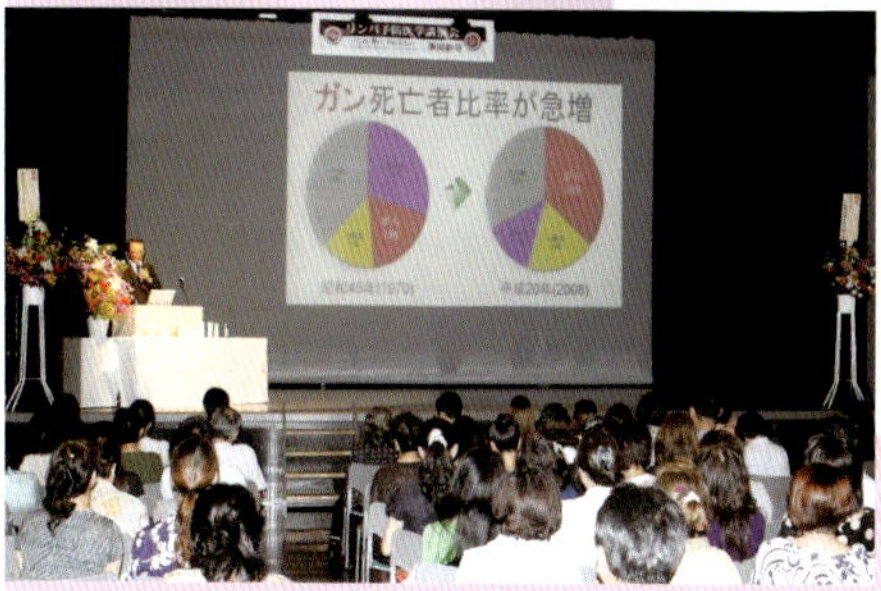

生家は現在、リンパ体験所として地元の人たちに開放している

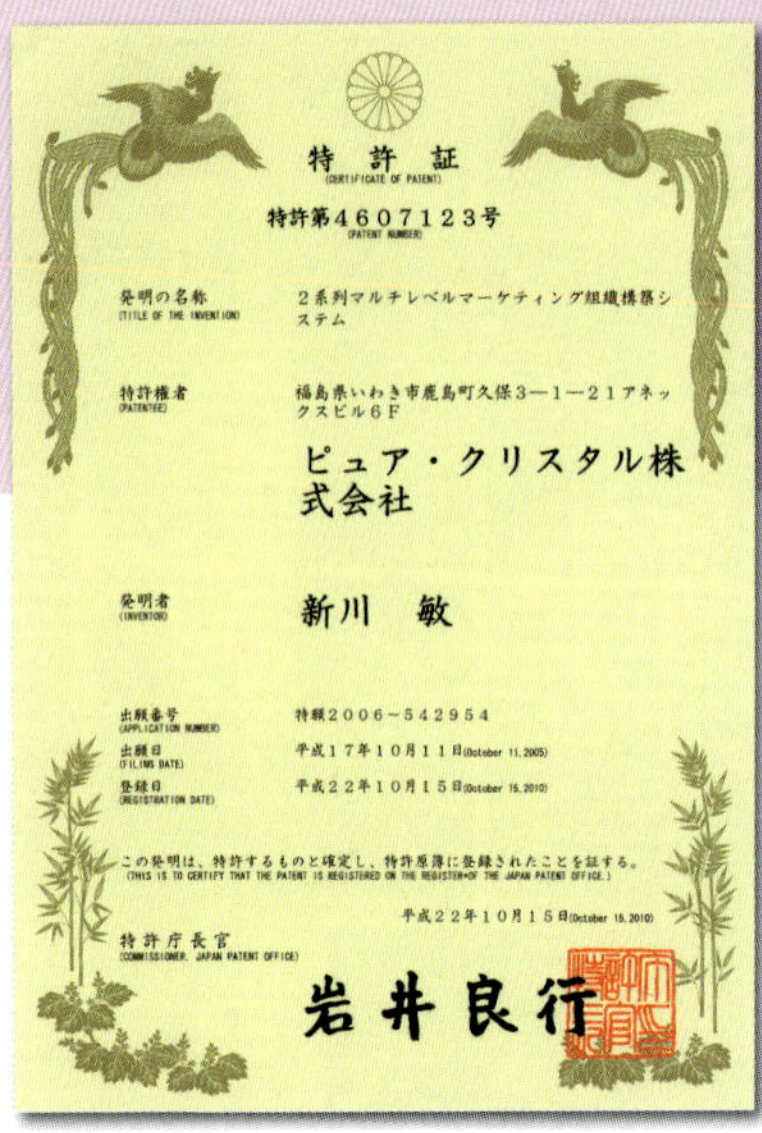
特許証
(CERTIFICATE OF PATENT)

特許第4607123号
(PATENT NUMBER)

発明の名称 (TITLE OF THE INVENTION) 2系列マルチレベルマーケティング組織構築システム

特許権者 (PATENTEE) 福島県いわき市鹿島町久保3－1－21アネックスビル6F
ピュア・クリスタル株式会社

発明者 (INVENTOR) 新川　敏

出願番号 (APPLICATION NUMBER) 特願2006－542954
出願日 (FILING DATE) 平成17年10月11日(October 11, 2005)
登録日 (REGISTRATION DATE) 平成22年10月15日(October 15, 2010)

この発明は、特許するものと確定し、特許原簿に登録されたことを証する。
(THIS IS TO CERTIFY THAT THE PATENT IS REGISTERED ON THE REGISTER OF THE JAPAN PATENT OFFICE.)

平成22年10月15日(October 15, 2010)

特許庁長官
(COMMISSIONER, JAPAN PATENT OFFICE)
岩井良行

The United States of America

The Director of the United States Patent and Trademark Office

Has received an application for a patent for a new and useful invention. The title and description of the invention are enclosed. The requirements of law have been complied with, and it has been determined that a patent on the invention shall be granted under the law.

Therefore, this

United States Patent

Grants to the person(s) having title to this patent the right to exclude others from making, using, offering for sale, or selling the invention throughout the United States of America or importing the invention into the United States of America, and if the invention is a process, of the right to exclude others from using, offering for sale or selling throughout the United States of America, or importing into the United States of America, products made by that process, for the term set forth in 35 U.S.C. 154(a)(2) or (c)(1), subject to the payment of maintenance fees as provided by 35 U.S.C. 41(b). See the Maintenance Fee Notice on the inside of the cover.

Acting Director of the United States Patent and Trademark Office

特許に守られた三位一体の製品群とビジネスプラン

ビジネスで重要なことのひとつに、特許で守られているかどうかということがある。

ピュアは製品だけでなく、ビジネスプランも特許を取っている。安心してビジネスに打ち込める要因である。

そして、リンパを流すエッセンス、糖鎖を整えて腸内発酵を活発にしてくれるサプリメント、デトックスを促し細胞を活性化するホルミシスのマット。この三位一体の製品群を武器に、通常のネットワークの何倍もの収入が得られるシステムを作り上げている。

各種イベントの開催でビジネスをバックアップ

美の祭典
「Body Make Artist」

ピュアでは年間を通して多くのイベントを開催しているが、中でも美の祭典Body Make Artist（通称BMA）は盛大で、2016年は358組のエントリー数を記録した。

さらに、ミスユニバース福島大会も主催。ミスユニバース出場者たちのボディメイクの講師としての活動も盛んである。

Body Make Artist

Miss Universe

ミスユニバース福島大会。2016年大会の最終予選は日本リンパ美容学院で行われ、このときに福島代表に選ばれた佐藤真瑚さんは、翌年の日本大会で第3位に入る快挙を達成した。

2017ミスユニバース福島大会は「スパリゾートハワイアン」で開催された。

ビジネスで頑張った方たちの表彰イベント「ラリー」。

一年間ビジネスで頑張った方たちをハワイにご招待。

新春決起集会では毎回、本気の仮装を披露。「遊ぶ時は遊ぶ、仕事するときはする、メリハリのある人生を!」

大阪サロンは淀川の花火大会の特等席。

はじめに

私が代表を務めるスカイネットグループでは、ネットワークビジネス2社と物販の会社を1社、それと同社による美容学院を展開しています。この4つで、チャンスを求めている方、努力＝収入を目指す方、また現状を打破したい方、経営者になりたい方……いわゆる稼ぐ力を求めている方々のために、ビジネスを構築しました。

10数年に渡り、多くの方々にそのビジネス――つまり夢やチャンス――をお伝えしてきましたが、やはり経営者としての考え方になるには、そのための教育が必要だと思います。成功哲学や、そこに至るための心構えや具体的な仕事のやり方は、実際に教える必要があるのです。

私は、10年前からNDT(New Distributor Training)というセミナーで、それをお伝えしています。

ですが、ただ一方的に伝えるだけでもダメです。相手には、それをちゃんと聞く、聞き入れるという素直さが必要です。

また、成功したいと思っている人はたくさんいますが、ひとりだけで頑張っていてもうまくはいきません。ひとから「この人を成功させたい」と思われなければダメです。成功させたいと思ってくれる人とチームワークを組むことが大切になります。そして、そのチームからもまた多くを学べるように、教科書的なものも必要になるでしょう。

本書をいつも手元に置いて読んでもらうことで、経営者としてのメンタル、心構え、考え方などを、より深く理解してほしいと思っています。

2017年1月吉日

新川紗敏

目次

6 アフリカには雨乞いの儀式がある。太鼓を叩いて踊り、必ず雨を降らす部族がいる。しかし、ほかの部族が真似しても雨は降らない。

7 ゴミとホコリは部屋の隅にある。人生は堂々中央に!

8 たくさん話してコミュニケーションをとる。それによって未来が開ける。

9 過去は生ゴミ。いつまでも持っていると腐る。

10 ダイヤモンドはダイヤモンドで磨く。人間は人間同士の摩擦によって磨かれる。

11 ケチとのろまは成功できない。

12 蓮の根は泥の中から栄養を吸っている。水面に出た花は大輪を咲かせる。どんなに汚れてもひと雨降れば、つるんときれいになる。

13 誰と話し、誰と行動し、誰の話を聞くか。

14 人には3種類がいる。日当たり族。皆が飲む井戸水に平気で毒を入れる人。居にくい空間にいる人。

15 重力は時間。宇宙の1年は地球の7年分。成功とは時間との戦いだ。

16 頭は生きているうちに使いなさい。

17 早く成功したいなら、クイズ100問を時間内に解け。

18 人間は宇宙人に遺伝子を組み換えられた猿である。

しかし、大きな成果は間違いなくある。

99 グリコの社長はキャラメルが好きなわけではない。

100 親の背が低いと、子はジャンプして頭を打つ。親の経済力で子の成長も決まる。

101 「アニョハセヨン」と「カネカセヨン」。類似語に気をつけよう。

102 マネーリッチ、タイムリッチ、フレンドリッチ。このフリーダムは経済力で叶う。

103 知識で分かっていても何も実行しない人は、学歴貧乏人という。

104 焦って結婚、ゆっくり後悔、プロポーズあの日に戻ってお断り。

105 金は天下のまわりもの。でも、貧乏人にはまわらない。

106 何事も本気でやるからおもしろい。本気でやるからたいていのことはできる。
本気でやるから誰かが助けてくれる。

107 人生には4つの風が吹く。また、人生には四季がある。

108 〝できない〟を〝できる〟に変えるのが松岡修造、
〝分かる〟から〝できる〟に変えるのが新川紗敏。

第一章

成功哲学

1

ドレミファソラシド♪
人生は「ド」ばかり。

サラリーマンの人生の多くは「ド」ばかりだ。「ド」から、「レミファソラシド」と音が上がり続ける人生は送れない。なぜなら、他人の評価、学歴、年功序列、性別が仕事に影響するからだ。もっと分かりやすく言えば、「自分の努力＝収入」にはならないからだ。どんなに能力があっても、出世には上限があるのだ。

そんな人生では、たとえば理想の家を手に入れること、子どもの教育、親の介護など、すべてをやり遂げることはできない。どれかひとつのために、ほかを我慢しなければならなくなる。

そして、定年退職した先に待っているのが、〝ドッボ〟だ。「ドレミファソラシド」と音が上がっていくような人生を送りたいなら、「努力＝収入」の世界に行くべきである。

仮説（もしも）から始まる言葉は断れない。

2

「もしも、一寸法師の打ち出の小槌が手に入ったら、どう？」

「もしも、1万円札を印刷する機械があって、毎日1万円札を何百枚も印刷して暮らせたら、どう？」

こんな仮説を想像したら、誰でも笑顔になる。そして、もしもこれらの仮説が真実であれば、「打ち出の小槌、いらない」「1万円札、いらない」という人はいないだろう。

一方で、人はネガティブな〝現象〟に左右されてしまう。たとえば、あなたがどこかの家にセールスに行ったとき、「相手が怒ってしまったら……」「相手が泣いてしまったら……」と想像する。こんなことを想像したら、セールスに行くことをためらってしまう。

ビジネスで成功したいなら、相手にとってハッピーな状態を想像させることが重要だ。ハッピーを想像させる「もしも」から始まる仮説を使うと、断る人はいないのである。

3

テレビを買っても
すぐ見ることはできない。

テレビを買ってきて、部屋に置いただけではテレビは映らない。テレビを見るためには、家にアンテナをひき、コンセントにコードをさして電源を入れて、チェンネルを合わせなければならない。そして、ひとつのテレビでみんなが同じ番組を楽しく見るためには、同じ番組を見たいという共感が必要になる。

ビジネスもテレビと同じだ。自分のグループに新しい人が入って来たとき、それだけで安心する人がいる。しかし、それではテレビを買ってきたままの状態と同じだ。新しい人に対しては、ビジネスの情報を提供し（アンテナをひく）、その情報を整理してやる気を起こさせ（電源を入れる）、セミナーなどで方向性を共有（チャンネルを合わせる）しなければならない。さらに、こちらが「言ったこと」「話したこと」「伝えたこと」という〝チャンネル〟を相手がどう感じているか、共感しているかを確認することも重要である。

4

感謝の気持ちを
忘れた人は、
人から捨てられる。

人から
縁を切られた人は
成功できない。

人との出会いは必然。そこには、好きな人もいれば嫌いな人もいる。しかし、どんな人との出会いにも感謝するべきである。なぜなら、人は人との摩擦によって丸くなり、光り輝く。

人は誰でもとんがった部分があったり、欠けた部分があったりするものだ。多くの人と出会うことで、笑ったり、怒ったり、楽しんだり、泣いたり、叫んだりするが、そんなさまざまな経験をし、人から知識を吸収することで、とんがった部分は削られ、欠けた部分は埋められていく。そして、まん丸くなった人は、どこにも引っかかることなく、どこへでもコロコロ早く進んでいけるのである。

だから人との出会いには感謝する。ひとりきりで成功することはできないのだ。

人がめげているときがんばる。
人が休んでいるときがんばる。
人が言い訳を
言っているときがんばる。

それが成功の差である。

5

生きていればめげることは誰にでもある。泣くこともある。怒ることもある。それはいい。しかし、問題は〝時間〟だ。どのくらいの時間、めげているのか、泣いているのか、怒っているのか。

たとえば、自分の中に、俳優の自分、監督の自分、エキストラの自分がいたとする。泣く演技をしている俳優の自分にカットがかかった。次は笑うシーンだ。そのとき、いつまでも泣き顔のままでいたら、監督の自分は当然、怒るだろう。つまり、切り替える時間の早さが大切なのである。

切り替える目安となるのは、人がめげているのを見たとき、人が休んでいるのを見たとき、人が言い訳を言っているのを見たとき。そんな人を見たら、自分に置き換えてスイッチを切り替え、次に進むべきだ。年をとってしまってからの成功では楽しめないのだから。

6

アフリカには
雨乞いの儀式がある。
太鼓を叩いて踊り、必ず
雨を降らす部族がいる。
しかし、ほかの部族が
真似しても雨は降らない。

雨乞いの儀式が古くから伝わる部族では、雨乞いをすれば必ず雨が降る。しかし、あなたが雨乞いをしても雨は降らない。この違いはいったい何なのか。

これは、何をやっても必ず成功を収める人と、何をやっても成功しない人との違いの話である。

たとえば、私は何かやると決めたら必ず10年やってみる。10年経ってから振り返る。振り返ったとき、その結果に満足する。しかし、何をやっても失敗してしまう人は、途中で何度も振り返る。そして、うまくいかないと途中であきらめる。それを何度も繰り返す。だから、いつまでも経っても成功しないのだ。

つまり、成功するためには、成功するまで続けることが重要なのだ。

雨乞いの儀式は雨が降るまでやり続ける。儀式を途中でやめたら雨は降らないのである。

7

ゴミとホコリは部屋の隅にある。人生は堂々中央に！

何かを話すとき、声が小さい人、ぼそぼそ話す人、何を言っているか分からない人がいる。みんなで話すときに、大きな声で真ん中で話さない人がいる。

それは、正々堂々と言えないことを話しているからだ。人の悪口かもしれないし、自分に対する言い訳かもしれないし、妬みかもしれない。だから、小さな声で、隅っこで話すのである。自分の意見をきちんと言えないのだ。

そしてそれは、まるで部屋の隅に集まるゴミやホコリと同じだ。ビジネスも隅っこでやっていては成功しない。

自分の夢や希望は、正々堂々とみんなの真ん中で話すべきだ。真ん中で話せる人こそが、人生を成功させるのである。

たくさん話して
コミュニケーションをとる。
それによって
未来が開ける。

8

人は見かけによらない。どんな趣味を持っているのか、何を考えているのか、見ただけでは分からない。

たとえば、初めて会った人に「私は釣りが趣味です」とだけ言ったところで、相手が釣りに興味がなければ、そこに共通点は見いだせない。しかし、もっとコミュニケーションをとって、いろいろなテーマで話を振ってみる。ゴルフが好き、麻雀が好き、映画が好き……。いろいろな話をしていると、何かしら共通点がみつかる。

そして、相手を認めることができれば、相手のためになることを一生懸命やる。その逆も同じだ。そして、自分にとって大切な人、相手にとって大切な人をお互い紹介するようになる。そうやって人脈は広がっていく。

ビジネスも同じ。コミュニケーションをたくさんとることが、自分の未来を大きく開いていくことにつながる。

9

過去は生ゴミ。
いつまでも
持っていると腐る。

過去は修正しようがない。これは、誰もが知っていることだ。

過去をひきずっていたら、過去がひっかかって成功できない。過去は生ゴミのようなもの。新しいことにチャレンジして成功したいなら、すべてをゼロにし、成功への環境を整えなければならない。

10

ダイヤモンドは
ダイヤモンドで磨く。
人間は人間同士の
摩擦によって磨かれる。

あれほど美しいダイヤモンドも原石はまったく光っていない。光り輝かせるためには、磨かなければならない。しかし、非常に硬い物質であるダイヤモンドは、ダイヤモンドでしか磨けない。そして、ダイヤモンドで磨かれたダイヤモンドだけが、あのように美しく光り輝くのだ。

人間もダイヤモンドと同じだ。人とのコミュニケーションのなかで、嫌なこと、苦しいこと、辛いこと、バカにされることもある。そんな経験をすることで、自分のとんがっていた部分は削られていく。そして、感動をしたり、人との出会いに感謝できたりすることで、自分に足りなかった部分が埋められていく。人間は人間とのコミュニケーションによって、ダイヤモンドのように光り輝き、その輝きは多くの人たちを照らすであろう。

人は、人間同士の摩擦を恐れることなく、自分を磨き続けなければならない。

ケチとのろまは成功できない。

11

チャンスの神様には後ろ髪がないといわれる。つまり、チャンスが過ぎたら、そのチャンスを二度と引き寄せることはできないということである。ボーっとしていたら、チャンスの神様はどんどん通り過ぎていくのだ。

だから、時間をケチったり、努力をケチったり、お金をケチったり、そしてのろのろしていたら、チャンスをつかむことはできなくなる。チャンスが舞い込んできたときに、すぐにつかむことができる準備を日ごろからしておかなければならない。

そして、チャンスがきたら果敢に挑戦して何かを得る。失敗しても懲りずに再挑戦する。失敗は失敗のもとではあるが、チャレンジ精神が旺盛であれば、必ず成功に結びつけることができるだろう。

蓮の根は泥の中から栄養を
吸っている。水面に出た花は
大輪を咲かせる。

どんなに汚れても
ひと雨降れば、
つるんときれいになる。

12

人生は蓮のごとくである。

蓮は泥の中に根をはっている。一見、汚く見える泥の中だが、蓮はそこから栄養を吸収している。そして、美しい大輪の花を咲かせる。花が泥やほこりをかぶっても、ひと雨降ればきれいに汚れを落として、再び美しい姿を見せてくれる。

人も生きていくなかで、泥のように悲しいこと、悔しいことを経験する。しかし、それらは生きていくための栄養、糧となるのである。そして、少しずつ成長して人生を成功に導いていくのだ。

もしも涙を流すほどつらいことがあったとすれば、心のままに泣けばいい。ひとしきり泣いた後には、気持ちがすっきりする。蓮の花がひと雨降ったときにきれいになるように、再び成功への道を歩めばいい。

誰と話し、誰と行動し、誰の話を聞くか。

13

そもそも人は影響を受けやすい動物である。

いつもバカと話していればば自分もバカになるし、いつも怠け者と話していれば自分も怠け者になる。

人の頭には、仕事や立場によって違うソフトが入っている。サラリーマンならサラリーマンのソフト、商売人なら商売人のソフト、主婦なら主婦のソフト、経営者なら経営者のソフト、といった具合にだ。

つまり、あなたが成功を望むなら、成功者と行動をともにして、成功者の話を聞くことが大切ということになる。そして、成功者の頭の中に入っているソフトを盗むしかない。

ただし、注意しなければならないのが、成功者と見せかけた凡人も紛れていることだ。出会った多くの人をふるいにかけ、本当の成功者をあなたの力で見つけなければならない。

14

人には3種類がいる。
日当たり族。
皆が飲む井戸水に
平気で毒を入れる人。
居にくい空間にいる人。

1番目は日当たり族。それは、自分が居やすいところにばかり身を置く人たちのこと。たとえば、OLが集まって女子会をする。それは楽しいかもしれないが、今と変わらない生活がいつまでも続いて、出世はしない。

2番目は、皆が飲む井戸水に平気で毒を入れる人。集まったみんなのなかで不平不満、悪口、噂話ばかりをし、他力本願の夢を語る。まるで腐ったみかんのように、みんなをネガティブな方向に導いていく。だから人に嫌がられ、人との縁を切られる。つまり一生貧乏である。

そして3番目は、居にくい空間にいる人。現状打破をめざし、期限付きの高い目標を持ち、努力し続ける人だ。それは、楽でもないし、楽しくないかもしれない。自分の弱い部分を容赦なく突きつけられることもある。しかし、居にくい環境に自ら身を置く人ほど、成功を早く手に入れるだろう。

15

重力は時間。
宇宙の１年は
地球の７年分。
成功とは時間との戦いだ。

地球の重力と宇宙の重力は違う。それは時間が進むスピードにも差を生む。私たち地球人が過ごす7年もの年月を、宇宙人はたった1年で過ごす。この違いは、能力の差でもある。

ある仕事を1時間でこなせる人と、7時間もかけてこなす人の違いと同じだ。

つまり、成功するまでの時間は大切にしなければならないということだ。あまりにも時間をかけて成功をしたって、周りの仲間はみんな死んでしまう。年をとりすぎて成功しても人生を楽しめない。成功を語る相手もいない。

成功とは、時間との戦いであることを忘れてはならない。

頭は生きているうちに使いなさい。

16

人間、死んだら使えなくなるものがほとんどだ。自分の頭、能力も生きているうちにしか使えない。だからこそ、生きているうちに自分の能力を最大限、フルに使うべきだ。

たとえば、車の運転で考えてみよう。事故を起こす確率は、一番前を走っている場合が一番高くなる。事故を起こす確率を低くしようと考えれば、他人の車の後ろを走ればいいだけだ。しかも、必要な車間距離をきちんととって。これで、あなたの安全は50％以上保証されたようなものだ。

ビジネスにおける成功も同じだ。成功したいなら、成功者について勉強すればいい。成功者は、夢や目標にブレがない。そういった成功者についていけば、あなたも必ず成功することができるだろう。

成功するためにどうすればいいか。こうやって頭をフル回転して毎日を生きていきなさい。

17

早く成功したいなら、クイズ100問を時間内に解け。

１００の問題が目の前にあったとする。この１００問をなるべく早い時間で多く答えるにはどうすればいいか。それは、分かる問題からどんどん解いていくことだ。途中、難しい問題にぶつかったとき、いくら考えても答えが分からないなら、考えるだけ時間の無駄だ。次の問題に進んだ方がいい。

ビジネスもこれと同じだ。ビジネスを成功させるためには、多くの人に声をかけ、多くの賛同者を集めなければいけない。途中で、あなたの話をなかなか理解してくれない人、あなたの夢をバカにする人に出会ったとき、あなたはそこでくじける必要はない。次に向かえばいいだけだ。しかも、１００人のうち、あなたの話を一発で理解してくれる人は20人はいるはずなのだ。

つまり、成功者とは、１００問をなるべく多く早く解いた人のことなのである。

18

人間は宇宙人に遺伝子を組み換えられた猿である。

人間は猿が進化したものだという進化論は一般的と言えるかもしれない。

しかし、猿はいまだに猿のままである。魚はいまだに魚のままである。つまり、その動物に備わった遺伝子の形を変えることはできないということだろう。これが遺伝子学なのである。

ただし、遺伝子の組み換えができれば、大きく進化した動物を誕生させることもできるだろう。ところが、人間にそれほどの能力はない。そう考えると、「人間は宇宙人の遺伝子組み換え操作によって作られた」と考えた方が理解しやすくなる。

これを、成功者と成功しない普通の人の話に置き換えてみる。

普通の人の遺伝子（考え方）は普通でしかないため、成功者になるためには、これまで持っていた遺伝子（考え方）を入れ替えるしかない。脳みそに新しい成功哲学を入れるしかないのだ。それができれば、普通の人も成功者に進化することができるのである。

19

成功とは、
成功したい人と
成功させたい人が
共有の目標に達したときに
完成する。

成功を望む人は多くいるが、成功するためには道しるべが必要だ。道しるべとなるのが、すでに成功をした成功者である。

そして、成功を望む本人が強く真剣に「成功したい」と願い、成功者が強く真剣にその人を「成功させたい」と思わなければ、成功には達しない。つまり、成功したいと思う人と、その人を成功させたいと思う人との間に、相互理解が発生し、共有の目標が得られなければならないということだ。

もしも、この輪を崩してしまったら、成功したい人が成功できないことはもちろん、すでに成功した人も崩れていく可能性がある。

お互いを見極め、お互いに感謝の気持ちを忘れずに成功に向かっていけば、必ず成功は手に入れられるだろう。

迷う……
そこに可能性を見出す。
迷ったら押す。
これがセールスの鉄則。

20

街を歩いていて突然、「モデルになりませんか？」と声をかけられたら、どうするだろうか。

モデルになることなどつゆほども考えていなかった人ならば、びっくりしてすぐに断るだろう。しかし、日ごろから「モデルになってみたいな」と思っていた人であれば、「えっ、本当に……？ 私がモデル……？ できるかしら……」と迷うだろう。

つまり、〝迷う〟ということは、可能性を感じている証拠なのである。

あなたが誰かをビジネスに誘ったとき、相手が迷っていれば、それはビジネスに対する可能性を感じている証拠だ。だからこそ、すぐにクロージングする必要がある。これがセールスの鉄則だ。

21

自分の口から出た言葉で人生が左右される。

言葉は言霊。だからこそ、言葉は周囲の人にも自分自身にも、大きな影響を与える。

たとえば、災害でお金や家を失った人たちがいる。辛い思いをしながらも、泣き言を言わずに自分の力でもう一度立ち上がろうとする人がいる。きっと、復興を果たすだろう。

一方で、お金を持っていそうな人のところに来て、「あなたお金持ちなんでしょう？ お金貸して」という人がいる。そういう人に限って、「だって」「でも」を繰り返し、自分の力で立ち上がろうと努力しない。言い訳ばかり言っていれば、その人自身の復興はないだろう。

ビジネスにおいても同じである。成功する人は言い訳をしない。言い訳をする人は成功しない。成功したいなら、自分の口から発する言葉に注意しなければならない。

22

素直になること。
素直になることは、
変わること。

素直な人間は変化しやすい。我が強い人間は変化しにくい。

つまり、成功者になりたければ、素直な人間でなければならないということだ。素直になり、成功者の話に耳を傾け、実行する。そして、めざす姿に向かって夢中になることだ。

また、自分が成功者になって、成功させたいと思う人が現れたときも同じだ。相手が素直でなければ、どんなアドバイスをしても相手に言葉は入っていかない。ビジネスパートナーを探すなら、素直な相手を見つけなければならない。

23

依存症が最大の敵。

「誰かやってくれないかな」「誰か助けてくれないかな」「お金持ちになれればいいな」

こういうことを考えたり、言ったりする人は、依存症である。

お金は、楽して入ってはこないのだ。努力の上に努力を重ね、誰が見ても「頑張っているね」と思われるほどの努力をしなければ、お金など入ってこない。

依存症の人間は、「楽してお金儲けをしよう」という感覚が強い。そして、マネーゲームやねずみ講、投資詐欺にひっかかるのである。

依存症は最大の敵、努力を惜しんではいけない。

雲の上からは
雲の下が見えない。
雲の下からは
雲の上が見えない。
あるのはコミュニケーション
というはしごだけ。

24

月収30万円の人が、月収３００万円になると、今までの10分の1のレートで生活ができるようになる。１万円のディナーは１０００円、１０００円のランチは１００円という価値になるからだ。

そして、誰もが努力をすれば月収３００万円という雲の上の世界に来ることができる。

しかし、多くの人が、月収30万円という雲の下の世界から出ようとしない。雲の上が見えないからだろうか。

確かに、何もしなければ、雲の上は見えない。しかし、見る方法はある。コミュニケーションという梯子を使えばいいのだ。成功者とコミュニケーションをとって、雲の上を見に来ればいい。そして、一歩でも近づくためにどうしたらいいかを想像すればいい。そうすれば、何でもできる。雲の上に行けるということが分かるだろう。

25

失敗は成功のもと……は嘘！

「失敗は成功のもと」ということわざは、嘘である。

失敗は失敗のもとでしかない。もしも、失敗を成功に導こうと考えるなら、恐れずに再チャレンジする勇気を持つ必要がある。

「失敗が成功のもと」ではなく、「チャレンジが成功のもと」である。

26

体験に勝るものはない。

今までデブだった人が、突然スリムになって美しくなったら、あなたはどう思うだろうか。何をやったのか気になるだろう。

一方、きれいな女優が「コレで体型をキープしています」と言っているテレビCMを見たらどうだろうか。「ふ〜ん」程度にしか思わないだろう。

目の前のデブが何かを体験して美しくなったから説得力があるのだ。体験に勝るものはないのである。

27

宇宙人から見て地球人はアリにすぎない。

宇宙人は存在するだろう。彼らは、何千万年も昔から地球に来ているだろう。

では、なぜ彼らは地球に来るのだろうか。それは、彼らにとっての利が地球にあるからだ。その利とは、鉱物を得ることだ。では、なぜ彼らは地球人に正体をはっきりと現わさないのだろうか。それは、正体を現すだけの利がないからである。

いずれにしろ、宇宙人は何万光年先の惑星から地球に来る能力を持っている。それは、今の地球人には不可能な能力だ。つまり、宇宙人にとっての地球人は、アリのような存在なのである。興味がないのである。

あなたがビジネスで成功しようと考えるなら、アリのような存在にいちいち関わる必要はない。宇宙人が目的だけを達成しに地球にやってくるのと同じように、目標に向かってブレずに進んでいけばいいだけだ。

本気だからこそ、
本当の不安に
襲われる。
楽しもう、
本気の人にしか
味わえないものだから。

28

本気で達成しようと考える目標を立てたとき、あなたはさまざまな不安や恐怖心に襲われるだろう。なぜなら、失敗したらどうしよう、目標を達成できなかったらどうしよう、と真剣に考えるからだ。

反対に、目標がいい加減であれば、不安に襲われることはないだろう。目標がいい加減だから、達成しなくても気にならないからだ。

だから、あなたが本気ならその不安を楽しめばいい。本気の目標を達成できたときの見返りはとても大きいのだから。そして、目標を達成して成功者となったとき、過去の数々の不安や苦労は笑い話に変わるのだから。

今は、目標に向かって常にやり続けること。「うまくいくに決まっているのだから」、今を楽しめばいい。

29

たき火の法則。

火は下から上へと燃え上がる。

燃えていない石炭に向かって「燃えろ」といくら言っても燃えることはない。しかし、その石炭を燃えているところに置けば、勢いよく火がつく。そして、火は下から上へと燃え上がっていく。

これをビジネスに例えてみる。新しくビジネスに参加した人たちの集団は、ビジネスの仕組みも製品のこともまだよく分かっていない。つまり、火がついていない人たちだ。そういった人たちをやる気にさせるのはなかなか難しい。

そこで、ビジネスに参加した順ではなく、どんどん掘り進め、燃えやすい人を見つけることがビジネスを早く展開させる勝負になる。理解が早くやる気のある人を見つけたら、燃えている人たちに会わせるといい。すると、その火は一気に燃え上がり、グループ全体が活気づくだろう。

30

一寸法師。

小さく弱い彼の武器は

針である。

一寸法師は小さなお椀に乗って、針を持って、鬼をやっつけることに集中した。

一寸法師を人間の世界に置き換えて考えると、鬼は「不安」だ。その不安をやっつけるものが針なのである。

不安を消すにはひとつのことをやりきることだ。人間は一寸法師のように小さく、誰もが不安のなかで生きている。それでも自分ができるひとつのことを貫くことができれば、自信が生まれるはずだ。

自信さえあれば、夢見たことは実現する。だから、一寸法師のように、どんなに小さくても不安があっても、針で貫くようにやりきることが重要である。

31

シャンパンタワーの法則。

シャンパンタワーでは、常に一番上に注ぎ続ける。

シャンパンタワーにシャンパンを注ぐときは、末端のグラスが満たされるまで、常に一番上のグラスに注ぐ。

ネットワークビジネスの成功者は、このシャンパンタワーのような動きをする。勉強熱心で、いろいろなことを吸収し、それを口コミで末端まで伝えていく。もっと早いスピードで成功する人は、自分自身で真ん中あたりに行き、あるいは末端に行って、経験したことを直接語る。

とにかく、シャンパンタワーのグラスが常に満タンになるように学び続けることが重要なのである。シャンパンタワーの面積があなたの成功に比例するのだから。

32

因果の法則。

すべてのことは
原因があり、結果がある。
結果を良くしたいなら、
いい原因を作ること。

私の母はリンパがんを患い、余命4～6か月と告げられた。その母を見て、私は因果の法則を使って改善策を考えた。

母がリンパがんを患ったのには、それだけの理由がある。その理由は細かく分析できた。そのひとつが、老廃物が多いことによる肥満だった。だから、体を温めて老廃物を流すダイエット方法（デトックス）を考えたのだ。

病気になったり貧乏になったりして、泣く人がいるが、泣いても何の解決にもならない。問題点や原因を早く見つけて改善してくことが重要だ。

同じように、ビジネスで成功できない人にも成功できない原因がある。その原因に早く気づいて、成功するためのよい原因を作ればいいだけである。

33

人生は、めざす目標をみつけた人間が勝者となる。

「あなたは目標を持っていますか？」

「その目標に対してブレることなく向かっていますか？」

こういった問いかけに対して、多くの人は、目標を持っていなかったり、あるいは目標を持っていてもブレながら、時代に流されながら生きている。

人間として生まれて勝者になるには、しっかりとした目標を持って、計画を立て、行動していく必要がある。

もしも神様がいるとしたら、そういった人に微笑むだろう。何の努力もしない人に、神様は微笑むわけがない。

34

成功したければ、すべての力を結集させろ。

行動力、判断力、集中力、持続力、実行力、決断力。

たとえば、男性がどうしても彼女にしたい、結婚したいと思う女性に出会ったとき、彼は全知全能を使って女性を口説くだろう。その結果、その女性と結ばれたときの喜びはすばらしいものだ。このように、人間は本当に欲しいものがあったとき、全知全能を当たり前に使う。

では、ビジネスで欲しいもの、つまり成功を手に入れるために全知全能を使うとは、どうすることだろうか。それは、成功者の言った言葉を分析し、その言葉を真似る、成功者の行動を研究して効率的に動く方法を手に入れる、そして、自分の行動力がまだまだ甘くないか再確認することだ。

お金がないから、田舎だからビジネスがうまくいかないという人もいるが、全知全能を使って一生懸命やれば、解決策は見いだされ、必ずうまくいくものだ。

35

無責任なやつらの言葉は無視しろ！
大成している人の話だけ聞け。

私がサラリーマンをやめて、初めてネットワークビジネスを始めたとき、「人間は頑張れば、それ相応のものをとれるはずよ」などと偉そうに言っている人がいた。そんな人たちに収入をたずねると、必ずうやむやな答えしか返ってこなかった。

だから、私はそんないい加減な人たちの話を聞くことをやめた。そして、「努力＝収入」という図式が必ず成り立つビジネスをしようと心に決めたのである。

いろいろな人を紹介されるなかでも、ただの「洗剤大好きサークル」「化粧品大好きサークル」のような人たちの中にいても、成功は手に入れらない。一番収入をとっている人に会わせてもらうようにした。そのうち剥がれる金メッキではなく、金の人と会うようにしたのである。

そして、「努力＝収入」を目のあたりにするようにし、全知全能を使って努力した結果が、今の収入である。

36

農家は畑作面積で
収入が決まる。
レストランは椅子の数で
収入が決まる。
コミュニケーションビジネスは
地球の人口で収入が決まる。

農家は農地の面積が広ければ広いほど、多くの作物を育てることができる。その分、収入も増える。

レストランは椅子の数が多ければ多いほど、多くのお客さんをもてなすことができる。その分、収入も増える。

それでは、ネットワークビジネスはどうだろうか。人とのコミュニケーションを必要とするネットワークビジネスは、人の数で収入が決まる。人の数、つまり地球の人口に収入を比例させることもできるということだ。

地球の人口に収入を比例させるためには、成功者の話に耳を傾け、多くの人にあなたの知識や経験を伝えていくことが大切だ。そうすれば、水を満たされた人は、ビジネスの動き方を知り、自ら動くようになるだろう。

37

バカにされても
死にはしない。
笑われても
死にはしない。
絆創膏で済む。
早く見返す気持ちが必要。

人は誰でもいい人でありたいと思う。人に好かれていたいと思う。だから、人にバカにされたり、笑われたりすると傷ついてしまう。

とくにネットワークビジネスでは、成功や夢への手立てを誰かに一生懸命話して、断わられて、めげてしまう人がいる。なぜめげる必要があるのだろう。あなたが話したことは間違っていたのだろうか。そうではない、ただ相手があなたの話を理解できなかっただけだ。せっかくあなたが豊かになる方法を教えてあげ、夢を叶えるお手伝いをすると言っているにもかかわらず……。だから、相手に問題があるのであって、あなたに問題があったわけではない。

もしも、相手にバカにされてめげたとしても、絆創膏を貼っておけば治る程度の傷だ。すぐに気持ちを切り替えて、あなたは成功への道を突き進めばいい。

10枚のトランプ。

38

どんなビジネスをスタートしても、10回くらいはアクシデントに遭遇する。人生いろいろいろな出来事が起こるものなのだ。人に罵倒されたり、離婚を決断しなければならなかったり……。

しかし、それは神様が出した10枚のトランプだと思えばいい。そして、出されたトランプをどんどん片づければいいだけだ。あなたに起きた現象に対して、いちいち立ち止まって考えて悩んでいては先には進まない。

成功した人間にも、神様は10枚のトランプを出している。それでも、成功している人はいる。つまり、トランプを出されたときに足を止めなかったということだ。

10枚のトランプは自分を磨くためのもの。そう考えられる余裕を持てれば、10枚のトランプはどんどん片づけていくことができる。

第二章

人生論

39

死んだら一生寝られるぞ、起きろ！

世間というのは、とかく人の足を引っ張るものである。

大きな夢や希望、目標を話してくれた人に、「そんな夢、叶うわけないじゃない」「そんなビジネスであなたが豊かになるわけがない」「そのビジネス、本当に大丈夫なの？」などと心配するふりをして、足を引っ張るのである。そうした人たちに邪魔をされ、時に流され、自分の夢や希望、目標がブレてしまうのは時間の無駄、まるで寝ているのと同じこと。寝ることなんて、死んだらいくらでもできる。

だから、「今、起きろ！」。しっかり目を見開いて、考え方を切り替えて、自分がなりたい姿にトライするべきなのだ。

悪口、不平不満、言い訳、嘘を言う人間とはつき合わないこと。

40

悪口、不平不満、言い訳、嘘を言うのは簡単だ。しかし、私はそんなことを言っている人とは友達になれないし、自分の大切なブレーンにも紹介はできない。

なぜなら、悪口や不平不満、言い訳、嘘を言う人間は、必ず人に縁を切られるからだ。縁を切られる人間は、豊かになれる立ち位置には絶対に立てないからだ。

世の中には、苦しみや悲しみを持っている人は多くいる。それでも、その苦しみや悲しみを一言も口にしない人も多くいる。その苦しみに耐えながら、目標を明確にして進んでいける人が、経済力を手に入れて、失ってしまったものを取り返すことができるのである。

苦しいのはあなただけではない。悲しいのはあなただけではない。悪口、不平不満、言い訳、嘘とは一線を画すべきである。

41

なぜ
生まれたのか——。
どう生きるのかではなく、
何をやり遂げるかである。

あなたは、なぜ生まれてきたのか――?

この問いに答えられる人は少ない。多くの人は、ただ生きることだけを頑張っている。

財産を残そうと、マイホームを建てることを目標にしている人も多くいる。しかし、家は建てたときから一日一日古くなっていくわけだし、価値観も変化していくわけだから、将来の財産価値などないに等しい。こういう人たちは、「どう生きるか」を考えてしまっている。しかし人生は、「何をやり遂げるのか、何をやりきって死ぬべきなのか」を考えるべきなのだ。

私の場合は、人の利、夢、希望を叶える会社を作り、死ぬまでに100人、200人の大成功者を残したい。つまり、何をやり遂げるかを考えたとき、自分の利ではなく相手の利を追求することが大切なのである。

人生の責任はすべて自分にある。

42

「うちは片親だったから、いい人生にならなかった」「家が貧乏だったから勉強ができなかった」などと自分の人生のふがいなさを親のせいにする人がいる。あるいは、「あの友達がいたから私は成功しなかった」「彼のアドバイスが間違っていた」などと言う人がいる。

それらは、すべて責任転嫁でしかない。他人のせいにしたって何も始まらないのだ。自分の責任を認め、過去を認め、過去を許す気持ちが必要だ。

たとえば、受刑者が刑務所から出所したとき、「昔に戻ってイチからやり直します」と言ったとしよう。しかし、昔に戻るのではなく、今この時点をゼロにしてスタートしなければならない。

ビジネスで失敗を経験したことがあるなら、過去をやり直すのではなく、人間関係も何もかも引きずらず、すべてゼロからやってみるといい。

オリンピックは
参加することに
意義がある。
ネットワークビジネスは
収入を得ることに
意義がある。

43

もしもあなたがオリンピックに参加したなら、周りの友達や世間から大きな評価を受けるだろう。

しかし、ネットワークビジネスは参加しただけでは何も意味がない。ネットワークビジネスは、自分の夢を叶えたり、理想の世界を作ったり、経済力を手に入れる手段であり、それらを実現しなければ参加する意義はない。

44

人生は
目標に満ちた経験であり、
経験から学んだ知恵こそが
すべての夢を実現させる
力となる。

人生は、目標を持ち、それを達成させるためにある。

達成させるまでの間には、さまざまな経験をするだろう。成功者からアドバイスをもらえることもあるだろうし、とんでもない苦労を強いられることもあるだろう。しかし、それらの経験を積み重ね、そこから学んだことがあなたの知恵となり、財産となっていくのだ。

たとえば、ヨットに乗っていれば、風向きによって帆の向きを変えなくてはいけない。北風、南風、東風、西風、どんな風にも帆をうまく対応させて目標に向かわなければならない。帆を操る技術が、人生の知恵と同じなのである。

さまざまな経験を乗り越え、知恵を身につけていくことで、夢を実現させることができるのだ。

45

本田宗一郎のホンダ自動車と、岩崎弥太郎の三菱自動車の違いは大きい。

現在のホンダ自動車と三菱自動車に大きな差があることは周知のとおりだ。

ホンダ自動車の創業者である本田宗一郎は、自転車屋から事業をスタートした。モノ作りが大好きで、けっこうミスもする人物だった。しかし、そのミスを自慢話のように社員にしていたという。

三菱自動車の創業者である岩崎弥太郎は、勉強したくてもお金がなく、学歴にコンプレックスを持っていた。だから、学歴の高い人間を多く採用した。しかし、岩崎弥太郎が採用した社員はプライドが高く、ミスを隠す社風ができた。

その結果が現在だ。ミスは隠してはいけない。正直でいなければならない。問題があったら、みんなで話し合って解決する。そうすることで、天下のホンダ自動車のようになれるはずだ。

46

人なんて何も怖くない。怖いのは自分自身である。

一般的に社会的地位が高いといわれる人、立派な肩書きを持っている人を前にしたとき、萎縮してしまう人がいる。しかし、そんな肩書きを恐れる必要はない。

恐れなければならないのは、自分自身である。

人の社会的地位や肩書きに萎縮する自分――

周囲に左右されて、自分の夢や目標をあきらめる自分――

すぐ世間に流される自分――

頑張ろうと決意したのに、いい加減になってしまう自分――

このように、怖いのは他人ではない。自分自身だ。

怖い自分に負けないよう、毅然とした態度で、プライドを持って、自分の生き方を貫けば、何でも達成できるはずである。

47

江戸時代の照明は
行灯と蝋燭。
今の照明はＬＥＤ。
時代を読むべき。

江戸時代、明かりを灯すものは、行灯と蝋燭だった。

そのとき、「うちは、蝋燭屋だ」と考えて商売を続けた人は、その後、衰退していっただろう。しかし、「うちは、照明屋だ」と考えて商売を続けた人は、その後も長く繁盛していったはずだ。

時代とともに科学や文化は変化するのである。

医療について考えれば、日本は大きな赤字を抱えている。つまり、病気の人を治す時代は終わったのである。病気をしない身体作りが必要なのだ。予防医学に目を向けなくてはいけない。

自分のテーマを時代にどのように合わせていくのかが大事である。

48

アリとキリギリス。

アリは冬が来ることを知っていた。

『アリとキリギリス』という童話があるが、「アリは冬が来ることを知っていた」ということが、この童話のポイントである。

そして、この童話から学ぶべきことは、〝老後〟の備えだ。

若いときに老後のことを考える人は少ない。入ってきたお金を全部使ってしまう人もいる。しかし、サラリーマンは、60歳くらいが収入の限界だ。医者だって手が震えたらおしまいだ。歌手ならヒット曲がなければ終わってしまう。

つまり、人間にも四季があり、冬が来ることに対策を講じなければならないのである。

そのとき、自分だけが生きられればいいとするのは三流のモノの考え方だ。人は、自分の子どもたちが生きられるようにして二流、末代まで生きられるシステムを作ってやっと一流だ。

だから、稼ぐ力、経済力を持つことに集中しなければならない。

49

豊かな人生を送る人は、
いいことしか
考えない人である。

売れっ子芸人は、めげていられない。なぜなら、朝から晩まで働いて、病気だってしていられないからだ。もしも、今日のネタが受けなかったとしても、めげている時間はない。次のステージがあるからだ。

一方で売れない芸人は、暇だからいちいちめげる。

つまり、成功者はいいことしか考えていないのである。

そして、成功者は完全な理念とビジョンを持っている。ハッピーになると思い込んで行動している。だから、人が集まってくるのだ。

私もいいことしか考えない。いいことしか表現しない。私がセミナーを開催するときはいつも晴れる。台風だって逸れていく。

いいことしか考えない。これが豊かな人生を送る秘訣だ。

顔の外に顔、
あごの下にあご、
ずーっとあご、
これをデブという。

50

あなたが美容やダイエットに関するビジネスをしようと考えるとき、まずはあなたの容姿を見直す必要があるだろう。もしも、顔の外に顔があり、あごの下にあごがあるような容姿をしていれば、それはデブだ。太った人が、いくら美容やダイエットの話をしたって聞き入れてはもらえない。

あなたの言うことを聞き入れてもらおうと考えるなら、痩せて、そのスタイルをキープしなさい。まずは、自分の姿に気づきなさい。

うさぎとカメ。
成功したのはカメ。

51

うさぎとカメの童話がある。

なぜ、うさぎよりも足が遅いカメが勝ったのか。それは、カメは山の上の旗にだけ目標を設定し、ブレることなく旗をめざしたからだ。そして、うさぎはよそ見をしたからだ。

私は小学校のとき、100メートル競争でいつも4番や5番だった。そのとき、先生にこんなことを言われた。「お前は100メートルのゴールしか見ていない。だから、90メートルのところで失速しているんだ。ゴールの先で1の旗を持つ6年生をめざして走ってみなさい」。先生の言う通りにして、初めて1番をとることができた。ゴールを全速力で駆け抜けることができたのだ。

成功したいなら、ギリギリの目標ではダメだ。その先の目標を見て、全力で頑張ることが大切なのである。

人は安心したら
落ちていく、
目標がなければ
人はさまよう。

52

大きな目標を立てて頑張っている人に、「一カ月にどのくらいの収入が欲しいですか」とたずねると、「500万円くらいは欲しいですね」と言う。ところが、100万円の月収を超えたあたりで、当初の500万円という目標を忘れてぼーっとしてしまう人が多い。

この人たちは、エメラルドの森で満足し、その森でさまよってしまっているのだ。100万円の月収を得られるようになったことで、なんとなく自分の人生がキラキラと輝いているように見えてしまっているのだ。

しかし、宝石はエメラルドだけではない。もっと素敵な宝石がたくさんある。もっと上の新たな目標を設定しなければ、森でさまよい続け、そのうち人生は落ちていくことになるだろう。目標を見失った人は、駅でどちらに行くのですかと尋ねられて「分からない」と答える精神を病んでいる人と同じである。

53

過去は変えられない。
未来は心構えひとつで
変えられる。

過去は絶対に変えられない。

過去の自分の人生について、いつまでも愚痴を言っているようでは、先には進まない。納得がいかない過去だったとしても、その過去を作った自分を許さなければならない。未来に向かうために、心の準備を整えれば、未来は変えることができるのである。

地球は
近くで見ると平面、
遠くから見ると
丸である。

54

あなたが今立っている場所は、平らな土地である。しかし、その場所を俯瞰すると、東京のほんの一部、日本のほんの一部、地球のほんの一部、そして太陽系のほんの一部だ。あなたが立っている場所を宇宙から見ると平面ではない、丸なのである。

つまり、ビジネスをするうえで、物事の見方は重要だということだ。たとえば、あなたが会社員で、毎日同じ作業をしていたとする。ひとつの作業を一生懸命やっていることに、あなた自身はやりがいを感じるかもしれない。しかし、会社という大きな組織でみると、あなたの作業はほんの一部にしか過ぎず、そこに時間がかかっていると、会社のオーナーには作業が滞っているようにしか見えない。

すべての作業がスムーズに流れるようにするためには、周りをよく見なければならない。そして、あなたがいなくても作業が進むような仕組みを作っておく必要がある。

55

夢の中へ。

夢とは
「なりたい姿、欲しいもの、
やりたいこと」。

私がサインを求められたとき、必ずこう書く。

「夢の中へ。しんかわ♡」。

夢は次の3つに分類することができる。

「なりたい姿」「したいこと」「欲しいもの」

私は、この3つをテーマに、夢を常に入れ替えている。だから、頑張れる。

夢は、「夢を叶えたい」という抽象的なものではなく、どうなりたいのか、何をしたいのか、何が欲しいのかをはっきりしなくてはいけない。そして、夢は誰でもたくさん持っていていいはずだ。

人間は死ぬまで夢を語っていられる。夢を全部叶えることができる。夢をあきらめてしまわないように、常に夢の中で生きていれば、人生はとても楽しくなる。

56

宇宙があり、
天の川、銀河があり、
太陽系がある。
そこに緑の惑星「地球」がある。
その上にいるあなたは、
とても小さい。

宇宙はとても広い。銀河系があって太陽系があって、その隅っこに地球がある。地球の中だけでも、たくさんの土地がある。それなのに人は、日本という小さな島国の、さらに小さな街で、くちゅくちゅと動いているのである。なぜなら、そこに家があって、収入源があるからだ。そして、その狭い面積のなかで、暑い夏が来ても寒い冬が来ても雨が降っても耐えて生きている。

しかし、爽やかな春も、すがすがしい秋も、地球上のどこかにはいつもあるのだ。春も３６５日ある。夏も３６５日ある。秋も３６５日ある。冬も３６５日ある。あなたが爽やかな春が好きなら、１年に１回しか春が来ない日本にずっといる必要はない。春を迎えた土地を渡り歩けば、３６５日春を感じることができる。

物事はもっと大きくグローバルに考えればいいのである。

57

ＴＶドラマ水戸黄門の
結末は決まっているが、
ハラハラドキドキ楽しめる。
あなたの成功ストーリーも
決まっている。
道中楽しんで。

TVドラマの『水戸黄門』。いつも午後8時45分に印籠を出すのがお決まりだ。毎週、毎週、同じ時間に印籠が出て、平和が訪れて話は完結する。その結末が分かっているのに、それでも話の途中ではハラハラドキドキさせられるのだ。

こんなワンパターンでも人は楽しめるのだ。実は、人生だってワンパターンだ。

努力をした人は必ず成功へ向かう。人生報われないと思っていても、あなたが努力する姿を必ず誰かが見ている。「あの人は頑張っているな」「素敵だな」ときっと思ってくれている。そして、手を差し伸べてくれる人もいるだろう。こうして努力をした人の結末は決まっているのだ。その結末が〝成功〟だ。

だから、人生は楽しんで前に進めばいい。多少、嫌な思いをしてもそれはかすり傷程度のことだ。最後まであきらめず、頑張ればいい。

ヒラリー・クリントン。強気の女はすごい。

58

ヒラリー・クリントンの夫が大統領だったときの逸話にこんなものがある。

ある日、二人でドライブをしていた。とあるガソリンスタンドに寄ったとき、ガソリンスタンドの店主と仲良く話をするヒラリーの姿を見て、夫が嫉妬をしたという。なぜなら、店主はヒラリーの昔の彼氏だったからだ。ヒラリーが車に戻って来たとき、夫は「オレは大統領だぞ」と、店主と仲良く話すヒラリーを批判したという。すると、ヒラリーはこう言った。「もし、あの人と結婚していたら、あの人が大統領になっていたわ」。

強気の女はかっこいい。強気が成功に導くのである。

59

忘れてならぬのは恩。
捨ててならぬものは義理。
人に与えるのは人情。
お金で買えぬものは信用。

まさしく言葉どおり。人としてはもちろんだが、ビジネスにおいても大事なことである。

ビジネスであっても、人間同士の関わりの中で、人間が考え、決定し、行動することに変わりはない。だから、恩や義理、人情といったものは、欠くことのできない重要なものなのだ。

さらに、信用をなくしてしまっては、ビジネスは成り立たない。それこそお金では買えないものだけに、コツコツと築き上げていくことが大切である。

人として恩を感じ、義理人情を生き、信用を築いていく。そういう人でなければ、成功にたどり着くことはできないだろう。

60

人間は男と女しかいない。
男男《おとこおとこ》は女に弱い。
女女《おんなおんな》は男に弱い。

ビジネスは
男女《おとこおんな》と女男《おんなおとこ》が
成功者になれる。

男男とは、いかにも男らしい人間だ。女女とは、いかにも女らしい人間だ。男男、女女は、総じて若い人に多く、ネットワークビジネスには不向きである。なぜなら、恋愛トラブルを多く招き、目標がすぐにブレるからだ。

男女とは、なんの違和感もなく女性と話したり行動したりできる男性だ。

女男とは、気性がまるで男のようにバリバリ仕事をする女性だ。

ネットワークビジネスで組織を作るなら、男女、女男が適している。恋愛トラブルを起こすことも少ないし、成功に向かってブレずに突き進んでいけるからだ。

ちなみに、男女、女男が多い年齢層は、40代以降。本気で組織を大きくしたいなら、男女、女男を探すといい。

61

人の後ろ指を指す人は二流の人生。

私はこれまでの人生で、さんざん後ろ指を指されてきた。

私がネットワークビジネスを始めたとき、「おまえは、プラプラ何をやっているんだ？」と言われたことがある。たしかに、私はいろんな地域に行って、プラプラしているように見えたのかもしれない。そして、「お前はいったい何を人に教えているんだ」と言われたとき、「経営学です」答えたら、やっぱりバカにされた。

それでもやめずに続けてきた結果、私は夢を叶えたのである。そして、後ろ指を指していた人たちは、当時と同じ位置に居続けている。彼らは、みんなと一緒にみんなと同じ方向に向かうことが安心だと思っていたからだ。

しかし、今となっては、私が一流の人生、後ろ指を指した人が二流の人生を送っている。

あなたが今、人から後ろ指を指されているなら、「自分は一流だ」と思えばいい。

第三章

決断

多くの人は馬並みの考え。

62

一頭の馬が周りを火に包まれたとき、その馬はどう行動するだろう。生きるためには、火を超えて逃げなければならない。しかし、馬は火を怖がって後ずさりをする。

ただし、火を超えられる方法がひとつある。それは、人間が馬に乗ることだ。馬に乗った人間が、「火を超えろ」と馬に指示を出せば、馬は火を超えることができるのである。

ビジネスも、集団でやることで乗り越えられることがある。

ビジネス初心者は、たった一人でどこかにセールスに行ったとき、相手に怪訝な反応をされただけで後ずさりしてしまう。そのとき、優秀なリーダーと一緒に行動していれば、これまで培った経験をもとに適切なアドバイスをもらえたり、助け舟を出してもらえたりするだろう。

多くの人は、火を見て後ずさりする馬並みの考えしか持っていない。ビジネス初心者もまだまだ馬並み。指示をくれるリーダーとともに行動することが大切だ。

決断とは「決めたら断つ」ということ。

63

仕事で家を出るとき、子どもがいつもぐずって困っている母親がいた。だから、その母親はいつもいつも遅刻をしたり、仕事の時間が短くなったりしていた。

そこで私は、子どもを呼んでこう言った。「お母さんは仕事なんだよ。お母さんを仕事に出してくれたら、クリスマスプレゼントを2つ、お正月のお年玉に1万円あげよう」。すると、子どもは態度を変えてこう言った。「お母さん、早く仕事に行って」。

これはどういうことかというと、母親が優先順位をつけきれていなかったということだ。子どもを育てるため、成功するために、仕事に行かなければならないのに、泣く子どもを振り切れない。迷いがあったのだ。

しかし、成功するためには決断が必要だ。「決断」とは、「決めたら断つ」と書く。優先順位を決めたら、下の順位を断てということだ。

悩んではいけない。

64

人間、悩んでいいことはない。にもかかわらず、悩む人が大勢いる。悩む人は、実は〝悩んでいる〟という現象に悩んでいるだけだ。そして、悪いことを考える人間は、そうした悩んでいる人を探して、だますのである。いわゆる悪徳商売、悪徳商品だ。「祖先の供養になりますよ」「お祓いになりますよ」と、その人の悩みにつけこんで、結果、高額商品を売りつけてくる。

優れた人は、悩むことを断ち切る。悩んでしまうことを問題にし、どうするべきかの解決策を探るのである。

悩んではいけない。

65

考えて分かることは
考える。

分からないものは
考えない。

人はよく何かについて考える。しかし、考えても分からない場合は考えることに意味がない。パスするしかない。それでも考える人は、〝考える〟ことに対して考えているだけだ。

そもそも、人生とは時間との勝負である。もしも、あなたが成功者となり、オーナーとなったとき、あなたにはスピーディーな〝決断〟を迫られる場面が増えるはずだ。そのとき、あなたが明確な答えを出せないものに関しては、あなたにはまだその能力が備わっていないだけである。何か判断できる材料があるなら、考えて答えを導きだすべきだが、判断材料がないなら考えるべきではない。

考えても分からないものは分からないのだから。

男はプライドを重視する。女は現実を重視する。

66

〝薄毛で年寄りでお金持ちの男〟
〝イケメンで若くて貧乏な男〟
経済力を持たない女性に、「この二人のどちらを選ぶか？」とたずねると、多くは前者を選ぶ。つまり、女性は経済に対して現実的なのである。ところが男性の場合、経済力を一から立て直さなければならないときに、どんなことにでもチャレンジしようとする人はなかなかいない。過去の仕事で得たプライドを捨てきれないのである。

私は過去に鉄鋼系のサラリーマンだった。美容系の仕事を始めるといったら、周囲は「何を考えているんだ!?」と批判した。批判した男たちは、美容系の仕事をする私が女々しく見えたのだろうか。しかし、私は大成した。

くだらない過去のプライドを捨て、今まで経験したことがない世界に足を踏み出す勇気と発想を持てば、間違いなくその行動はこれからの人生に生かされるはずだ。

67

ノーリスク&ノーリターン、何もしないことが最大の損失である。

世の中の仕事は、ノーリスク&ノーリターンか、ハイリスク&ハイリターンである。

私はかつて、ネットワークなんかするなと言われた。失敗するぞ、貧乏になるぞと言われたものだ。このように脅された人は、たいてい怖くて何もしなくなってしまう。だから、貧乏のままだ。これがノーリスク&ノーリターンである。

でも、もともと貧乏なのだ。だったらトライしてみればいい。自分で作った恐怖のイメージに負けて、何もしないことがノーリスクだと思っている人たちは、ノーリターンどころか大損をしているだけかもしれない。

68

世の中の87％の人間は自分で決めることができない。

だからリーダーシップ、だから強気が勝つ。

87%という数字は、〝ほとんど〟という意味だ。つまり、世の中のほとんどの人が決定権者ではないといえる。裏を返せば、決定権者になれれば、成功者になれるということだ。

なぜなら、成功者はどんなことにおいても、〝決める〟ことが仕事だからだ。

たとえば、会社の経営者は、現場から判断をあおがれたとき、いちいち迷ってはいられない。ときには、判断ミスをすることもあるだろう、現場が苦しむような決定をすることもあるだろう。しかし、決定はしなくてはいけない。そこに必要なのが強いリーダーシップとコミュニケーションだ。信頼を勝ち得たリーダーであれば、決定した方向にみんなを向かわすことができる。間違った方向に行った場合も、コミュニケーションをとっていれば失敗のダメージは少なく、軌道修正しやすくなるのである。

成功者になりたければ、リーダーシップとコミュニケーションをとれる強気の人間にならなくてはならない。

知覚動考。

知って覚えて
動いてから考える。
ともかく動こう！

69

知覚動考は「ちかくどうこう」と読めるが、「ともかくうごこう」と読もう。

多くの女性は、知って覚えることに集中する。多くの男性は知ってから考え込む。

どちらにも抜けているのは、「動く」ことだ。ひとつのことを覚えたら、ともかく動く。ひとつのことを覚えたら、それをともかく１００人に伝える。

そのくらい、行動的になることが大切である。

デパートの90%は女性のもの。

女性対象のビジネスが成功の鍵。

70

購入の決定権は女性にあるとよくいわれる。財布を握っているのは、夫よりも妻である場合が多いのである。

ということは、ビジネスを考えるとき、女性の気持ちが動くような商品やサービスに的をしぼって考えた方が成功しやすいということだ。

71

人生は二者択一。

今の人生に
不満がある人は、
その選択を誤った人。

人生ではいろいろな問題に遭遇する。なかでも、AとBのどちらを選択するか迫られることが多くある。たとえば、進学するかしないか、結婚するかしないか、転職するかしないか。

どちらを選択するのか、それは本人が決めることである。しかし、今の人生に不満があるのなら、どこかで選択を間違えたのだ。過去、楽な方の道を選ばなかったか。人の意見に流されて言われるがままの道を選ばなかったか。もし、親や周囲の人に影響された選択をしたならば、あなたの人生はその人たちと同じレベルの人生でしかない。

人生は、本当に自分がなりたい姿をめざし、本当にやりたいことをやるべきである。あなた自身が後悔のない選択をすることができたなら、レベルの高いあなたの人生を送ることができるのである。

72

人の能力に差はない。努力の差だけ。

電卓が発明された時点で、計算をする必要はなくなった。

携帯電話が発明された時点で、電話番号を覚える必要はなくなった。

メールの文字変換機能が発明された時点で、漢字の勉強をする必要はなくなった。

人類は進化し、文明が発達し、人の能力にそれほど差はなくなったのである。

では、成功する人、成功しない人の違いは何なのか？

私はパソコン教室に通ったとき、「マウスをもっと上に」と言われて、マウスを持ち上げてしまった。つまりパソコンは私には向いていない。だから、パソコンはあきらめた。

代わりに、得意な能力を発揮しようと考えた。それがしつこいまでの〝コミュニケーション〟能力だ。自分のコミュニケーション能力を高める努力をした結果が今なのである。

73

人生は今の連続。

しかし、日々期限付きで
目標をめざすと、
理想の自分に近づける。

人生とは、「今」が連続しているだけだ。

だから、目標や夢を叶えたいなら、「今」何を考えるのか、「今」どんな行動をするのか、が重要だ。

多くのサラリーマンたちは、家、会社、居酒屋の3カ所を移動する毎日を送っている。多くの女性たちは、家、会社、スーパーの3カ所を移動する毎日を送っている。この魔の三角州にはまっていては、将来は何も変わらない。

では、「今」、何をすればいいのだろうか。多くの成功者たちは、毎日、期限付きの目標を設定し、その目標に向かって行動を起こしている。この「今」の繰り返しで、将来を大きく変えることができるのだ。

人生は、目標をはっきりと見つけた人間の勝ちなのである。

74

たった一度の人生あきらめるな。

ケンタッキーのおじさんも65歳で起業した。最後のひと花咲かせよう！

年齢を重ねると、夢や希望、ビジネスをあきらめてしまう人が多い。しかし、夢や希望に年齢は関係ない。なにしろ、ケンタッキー・フライドチキンの創業者、カーネル・サンダースは65歳で起業したのだ。

そもそも人というのは、40代で400人くらいのブレーンを持っているものだ。なぜなら、「おはようございます」と言える範囲は、20代よりも30代よりも確実に増えているからだ。「おはようございます」が言える人はあなたのブレーンと考えればいいのだ。

それに気がつけば、ネットワークビジネスでの成功への道のりは近い。そして、それに気がつけば、遠方に行く必要もなくなる。「おはようございます」を言える人に、話す勇気があればいいだけだ。

70歳でも80歳でもあきらめてはいけない。この世界は死ぬまでが現役だ。

75

みんなと一緒、これをミツバチ族という。

小さいときからみんなと一緒に勉強し、いい高校に入って、いい大学に入って、いい会社に入って、これが「平均的」にいい人生だと考える人がいる。そんな発想しかできない彼らは、みんなと一緒のミツバチ族だ。

「平均」とは、貧乏人とお金持ちの数字を割って出てくる数字だ。だから、本当の平均値ではない。世の中には貧乏人かお金持ちしかいないのである。

ミツバチ族は、年をとって労働ができなくなれば、体力も気力もなくなってきて、あとは捨てられるだけ。みんなと一緒だから幸せになるとは限らない。

平均などというものを信用することなく、自分がどう生きたいのか、どうなりたいのか、何をしたいのか、自分自身で考えるべきだ。

そうすれば、あなたはミツバチ族から脱出できる。

第四章

リーダーの役割・育成

会社とは少数精鋭の営利追求集団である。

76

会社とは、少数精鋭の多能集団である。

会社は、利益を生むために、省エネ、合理化、効率化、諸改善を常に行い、社員の意識改革、意識の結集をし、利益の追求集団となる。

つまり、そこで働く人間の質が重要なのである。そこで働く人間は、あらゆるスキルを高めて、会社に貢献しなければならない。

そして、組織の長は、集団の目的をひとつにし、人を教育しなければならない。だから、教育がもっとも大切なのである。

田舎のスナックのママは
自分がきれいでいることに
満足する。

都会のクラブのママは
店の女の子のティーアップに
余念がない。

77

田舎のスナックのママは、いつでも自分がちやほやされていたいものだ。自分にやさしいお客さん、自分をひいきにしてくれるお客さんだけを集めてお店を開ける。お店の女の子たちは、あくまでもママのヘルプでしかない。

しかし、ママが倒れたときにはお店は閉店するしかなくなる。お店を大きくし、永遠に持続させるためには、銀座や新宿など都会のママを見習わなければならない。

都会のママは、お店の女の子のティーアップがとても上手だ。女の子をほめて、お客さんに紹介する。成長した女の子は新しいお客さんを呼び込む。そして、お店は活気づき、ママがいなくてもお店は営業を続けていけるようになる。

これはビジネスでもまったく同じだ。自分のグループのメンバーをティーアップし、あなたと同じように仕事ができる成功者へと育成しなければならない。

78

人間は、
人に認められたい、
人にほめられたい、
人に愛されたい、
人の役に立ちたい
と思って生きている。

人間が幸せだと感じるには、この4つが必要である。

しかし、自分だけが認められたい、ほめられたい、愛されたいと考えていると、あやしい新興宗教の教祖様になりかねない。

あなたが愛されたいなら、人を愛しなさい。

あなたがほめられたいなら、人をほめなさい。

あなたが認められたいなら、人を認めなさい。

そして、人の役に立つことを続けなさい。

たとえば、あなたがトップリーダーとなって、多くの人の前で光を浴びたとする。しかし、いつまでもあなたばかりが光を浴び続けていてはいけない。あなたの出番が終わったら、次のリーダーに光があたる場を譲らなくてはいけない。これが、成功者を多く作る教育になる。

79

とにかくやってみせる。言って聞かせる、できたらほめる。

大日本帝国海軍の軍人、山本五十六はこう言った。

「やってみせ、言って聞かせて、させてみせ、ほめてやらねば、人は動かじ」

時代が変わっても、私たちはこの言葉を学ぶべきだ。

どんな成功者であっても、うまくいかないこともある。一生懸命やっても失敗することもある。

成功者を育てるためには、そんな姿もすべて見せるべきである。そして、失敗したからといって嘆き悲しまない、何度もチャレンジする姿も見せなければならない。

成功者自身がやってみせる。言って聞かせる。こうして相手を育成し、できるようになったら思う存分ほめてあげる。

これがビジネスには重要なのである。

80

目と目が合ったらお友達。
二度合ったら親戚。
三度合ったら兄弟。
四度合ったら女房。

私は街を歩くとき、常にすれ違う人の目を見ている。そして、目が合ったり、私を見返してきたりした人がいたら、その人にすぐに声をかける。「仕事は何をやっているの?」「何か目指すものはあるの?」と。もちろん、突然声をかけられた人はびっくりする。しかし、その人が何か強い意志を持っていたら、私の話に耳を傾けようとする。

なぜ、私がこのように人に声をかけ続けるのか。それは、組織や団体を作り、それを大きく成長させていくためには、現状に甘えていてはいけないからだ。常に、新しい形を求め、新しい人の確保していかなければならないからだ。

目と目が合ったらお友達……というくらい、袖すり合うような小さな縁を大切にして生きる。人生、人探しなのである。

81

自分が変われば
相手も変わる。
言葉が変われば
態度も変わる。

変われば
人生の運が開ける。

多くの人は、人を育てることが下手だ。

しかし、成功するためには、自分の利だけで動くのではなく、相手の利を考えて相手を育てることが必要だ。

そして、人を育てるとき、私は10年をワンスパンと考える。そのくらいの時間がなければ、人はなかなか変わらないからだ。そのくらいの時間をかけなければ、自分自身も大きく変わることはできないからだ。

自分が変わり、相手が変わり、口から出る言葉が変われば、道は開かれる。

とくに年齢を重ねたら、いかに多くの人たちに目標や生きがいを持たせ、キラキラ輝かせるかを考えること、そしてあなたがもっともっと大きな成長を手に入れることが大切だ。

82

朝礼ですべてが決まる。

人間は、計画を立てて取り組んでも、30％の無駄を起こすという。計画を立てずに取り組めば、67％の無駄を起こすという。

そこで、集団や組織、団体をまとめるためには、朝礼が重要だ。朝礼で、一日の作業や時間配分を確認してから、仕事にとりかかることで、かなりの無駄を削減することができるのである。

早く成功をするには、極力、無駄をなくすことが大切である。

83

箱ではない。

そこに働く人間の
意識改革で
売り上げが変わる。

街には、落ち着いたカフェ、おしゃれなセレクトショップ、素敵なホテルなど、イメージがいいお店や建物がたくさんある。しかし、大切なことはそこで働く人間だ。

働く人間がきちんと教育されていなければ、すべてがダメなものに見えてしまう。

ネットワークビジネスも同じだ。どんなに立派な会社（＝箱）を作っても、そこにかかわる人間がしっかり教育されていなければ、すぐに組織は崩壊する。金のメッキがはげていくのと同じだ。

さらにいえば、成功者となるには、自分自身の教育に力を入れなければならない。

84

純粋な結晶体であれ。

金属は純粋なものから固まり、不純物は結晶粒界に排出される。

私は金属学を勉強していたことがある。金属に熱が加わって溶け、再び固まるときには、余計なモノは排除し、純粋なモノだけが集まって固まる。

これは人間の世界でも同じことがいえる。ネットワークビジネスで人を束ねるとき、不純な考えを持つ人たちは去っていく。不純な考えを持つ人というのは、組織を常に移動する人、ネットワークビジネスで偉くなったような錯覚を起こす人、恋愛に左右されてビジネスに失敗する人などだ。

そこで、私が設立した会社には、純粋な結晶体という意味の「ピュアクリスタル」という名前をつけた。不純な人がいない世界を作りたいと考えたのだ。

こうして多くの人々の成功のお手伝いをしようと真剣に思ってビジネスに取り組んだら、本当に純粋な人が残る会社になったのである。

自由とは相手の自由を認めることである。

85

ネットワークビジネスは、いわゆる会社組織の中で働くわけではない。そのせいか、やたらと〝自由〟を主張する人がいる。そういう人たちは、自由の意味をはき違えているのだろう。

自由は、一人一人、誰もが持っているものだ。しかし、自分の自由だけを主張すると、周囲に迷惑をかけたり、人とぶつかったりする。それは、相手にも自由があることを忘れているからだ。

たとえば、セミナーの途中で何度も席を立ったり、早めに退席したりする人がいる。それはルール違反だ。傍聴者も講演者にも自由があり、セミナーはお互いの自由を削り合って実現するものなのだ。

お互いの自由を認めたうえで、自由は成り立つのである。

第五章

経営論（経済力）

うまくなりたけりゃ、成功したけりゃ、環境から作ること。

86

私がゴルフを始めたのは57歳のときだ。やるからには、スコア１００を切りたいと思った。１００どころか、90、できれば80台を出したいと思った。

そのために、自分が何をすればいいか考えた結果が、ゴルフが好きな人、ゴルフの上手な人と一緒にいることだった。そんな人たちを集めて、シミュレーションゴルフバーで練習をした。これだけ練習をすれば、もちろんおカネだってかかる。

しかし、そんな環境を自ら作ったことで、たった1年半の間にコンペで17回優勝するほどまでに成長したのである。

何かをうまくなりたければ、何かに成功したければ、徹底して環境を作ればいい。しかし、そのためには経済力も必要になる。夢を叶える環境を作ることが、成功への道である。

生まれた限りは自分の勝ち。

87

あなたの人生はあなたのものだ。生まれた限りは、自分がやりたいことや自分がめざす道は、自分で決めて進んでいくことができる。あなたの勝ちなのだ。

しかし、親の支配に惑わされる人がいる。親に経済力がないために、何かをやろうと思うときに壁にぶつかってしまうという人だ。好きなおもちゃが欲しい、私立の大学に進学したい、海外に留学したい……。そんなとき、親に経済力がなければ、子どものやりたいことは制限される。あなたが親であれば、あなたの子どもに制限を加えない経済力を身に付けるべきであるが、あなた自身は親の支配に惑わされてはいけない。

どんな家庭に生まれようと、あなたの人生はあなたのもの。親に逆らってでも選択肢はあなたにあるのだ。ただし、一生涯やれると思う仕事を見つけて選択したら、途中で投げ出すことなく、成功を収めるまで徹底的にやり遂げることが重要だ。

88

希望的目標は
達成できるわけがない。
欲望的目標は叶う。

「モデルになれたらいいな」「大きな家に住めたらいいな」「お金持ちになれたらいいな」と夢や目標を語る人は、その夢や目標を叶えることができない。なぜなら、「できたらいいな」はあくまでも希望的目標であり、その夢や目標を真剣に叶える気がないからだ。なんの努力もなしに、お金持ちにはなれないのだ。

一方で、「絶対に世界一周旅行を実現する」「絶対にお金持ちになる」と語る人は、その夢や目標を叶えることができるだろう。「絶対、やる」は、欲望的目標だからだ。そこには強い意志があり、執念深さがあるからだ。

そして、希望的目標を持つ人の環境は変わることがないが、欲望的目標を持つ人の環境は変わる。お金持ちになりたいなら、お金持ちが集まる場所に身を置くようになるからだ。そして、本当に目標は実現するのである。

夢を叶える
神様などいない。

89

神社やお寺に参拝したとき、多くの人は「今年はかっこいい車が買えますように……」「結婚できますように……」「大学に合格しますように……」などとお祈りをする。

もし、私が神様だったとしたら、お祈りする人にこう言うだろう。「車? どのメーカーの? どんな形の? 排気量は? 頭金はいくら出せるの?」。もし、この質問に答えられないようなら、「夢は叶えられない。無理」と神様の私は答える。他力本願でしかないからだ。神様だって他人の夢を叶えられるわけなどないのだ。

ただし、さきほどの私の質問に、「頭金は100万円あって、トヨタのプリウスを買います」と答えたら、その夢は叶えられるだろう。しかし、それは神様が夢を叶えるのではなく、本人が神様の前で具体的に宣言して夢を実現したまでだ。

夢を叶えるには、自分自身の力が必要なのである。

90

生き金は目的があり、大きくなって戻ってくるお金の使い方。

死に金とは戻ってこないお金の使い方。

お金には、生き金と死に金がある。

たとえば、大工さんが大工として仕事をしようと決めたとき、ノミやカンナ、ノコギリなどを買いそろえる。この道具をそろえるために使ったお金は生き金だ。なぜなら、それらの道具を買ったからこそ大工の仕事ができるし、商売が繁盛するからだ。もしも、大工が大工道具をそろえるお金を惜しんでいたら商売になるはずがない。

ネットワークビジネスも同じだ。あなたが参加した会社の商品をすべてそろえてビジネスをスタートしてこそ、そのお金は生き金に変わるのだ。

一方で、商品をすべてそろえず、ビジネスもまだ成功していないにもかかわらず、無駄なジュエリーや洋服を身に着け、見かけばかりに気をとらわれる人がいる。それはビジネスに役立つものではない。そこで使ったお金は無駄使い、死に金にしかならない。

91

経済力は家を建てる時の基礎と同じである。

経済力をしっかり持った人生は、いろんな夢を思った通りに実現できる。

経済力という基礎の上に、マイホーム、家族の幸せ、海外旅行、ショッピング……エトセトラ……が成り立っているのだ。

経済力がない人は、このうちの何かひとつしか叶わない。

だから、基礎（土台）をしっかり固めよう。それまでは、常にハングリー精神を忘れずに、もっともっという気持ちが大切である。

92

足し算の人生は
労働収入。

掛け算の人生は
権利収入。

ネットワークビジネスは掛け算の収入、サラリーマンは足し算の収入だ。スタートした当初は、サラリーマンの方が収入を上回るが、ある時点を境に効率が上がるのである。

サラリーマン

1＋1＝2　2＋2＝4　3＋3＝6　……10＋10＝20

ネットワークビジネス

1×1＝1　2×2＝4　3×3＝9　……10×10＝100

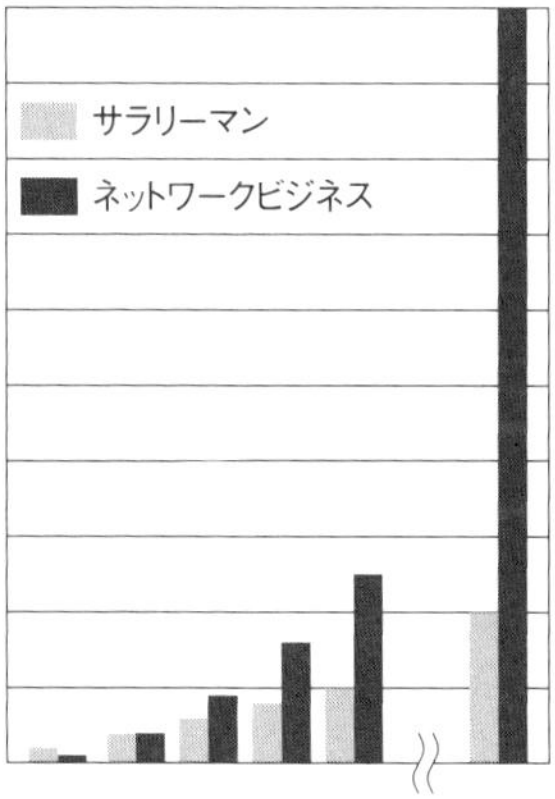

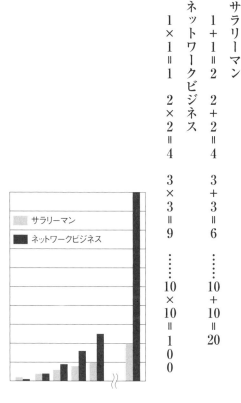

93
年金は世界最大のねずみ講。

日本の年金制度は、すでに破たんしている。なぜなら、健康な二人の男女が作る子どもの数が確実に減ってきているからだ。最低でも二人の子どもを作れば、一人の子どもが一人の親を支えることはできるし、人口も減少しない。しかし、現在の出生率は、1・3人前後だ。つまり、確実に人口は減少している。これでは一人の子どもが二人の親を支えることになり、確実にお金は足りなくなる。「このまま年金をきちんと払っていれば、老後の生活は安心ですよ」という理屈は通らない。将来の年金原資はすでにないに等しく、基金に支払い能力があるとはいえない。まるでねずみ講ではないか。

このことに気づいた多くの人々は、65歳からの年金を生活の糧と考えていない。だから、死ぬまでやりたいと思うことを見つけ、年齢を重ねても稼ぐ力と経済力を身につける努力をしよう。

安定とは
安く定まる……。
貧乏人のこと。

94

私は、自衛官だった父親に幼少のころから「安定した会社や仕事がいい仕事だ」と教えられてきた。安定した会社や仕事というのは、大手企業、銀行員、公務員、医者などだ。

しかし、今考えると、一見安定したように見える職業ほど一番危ないと思えるのだ。学歴主義のなかで常に他人に評価され、一定のものさしで収入を決められ、その上限までも決められる。いくら努力をしても、周囲との差はあまり生まれない。

つまり、「安定」とは「安く定まる」ことなのだ。そして、安く定まることとは一定の貧乏を続けていくことだ。

ただし、会社員にとっての安定は、経営者にとってはとても便利なことだ。安く定まった給料で働いてくれる大勢の社員によって、オーナーは豊かになる。あなたが一定の貧乏を続けたくないのであれば、オーナーになるべきである。

95

高枝切りバサミのＣＭには真意がある。

高枝切りバサミのＣＭは、何を売っているのか。高枝切りバサミを売っているように見えるが、実はハサミを売りたいのではない。

高い枝を切るハサミが必要な家、広い庭がある家、つまり財力のある家を探すためのＣＭなのである。

まんまと高枝切りバサミを注文した客は、「うちはお金ありますよ」とＰＲしてしまったようなものだ。アドレスを手に入れた高枝切りバサミの会社は、次の商品を売るためのマーケットも同時に手に入れたことになる。

私のビジネスも同じだ。20万円も投資できない人とはビジネスをしない。なぜなら、20万円払えない人は20万円を稼げない人だからである。ド貧乏が金持ちになるのは難しいのだ。ビジネスをするなら、それなりの投資ができる相手をみつけるべきなのである。

96

経済力は
人間の集団組織、
団体を作り、
目的を共有することが
できれば手に入る。

お金持ちになりたい人はたくさんいる。

そもそも〝お金〟とは何なのだろうか。それは、共通の価値観のことだ。北海道から沖縄まで、1万円は誰にとっても1万円だということ。そして、お金持ちとは、この〝円〟をたくさん集めた人のことをいう。

〝円〟をたくさん集めるためには、人間の集団、組織、団体を作ることが必要になる。そして、その集団、組織、団体で、目的を共有しなければならない。そこでは、なぜお金が必要なのか、目標や目的を具体的に明言する必要がある。たとえば、「海外旅行をして視野を広げたい」「車が欲しい」「親の介護をしたい」「起業して雇用を起こしたい」などだ。その目標や目的に同意が得られれば、お金を得るという共通の目的を持つ集団、組織、団体を作ることができるのである。

97

渋柿は食べられない。

人生には、お金が必要なときが次から次にやってくる。例えば、マイホームを建てる、子どもが生まれる、子どもが進学する、大病をする、親の介護をする……などだ。

そのとき、すべてを解決するだけのお金を用意できるだろうか。多くの人は、それほどの経済力を身につけていない。

だからこそ、経済力をテーマにした話を私はする。経済力を身につける方法を提案する。しかし、その話にまったく耳を傾けない人がいる。そのとき、私は落ち込むのではなく、その人はまだ渋柿の状態なのだと時期が来るのを待つ。そして、その人と定期的にコミュニケーションをとりながら、甘柿へと熟すのを待つのだ。甘柿へと熟すためには、時期とそれなりの環境が必要だ。甘柿になったとき、再び経済力を身につける方法を提案すれば、きっと話を理解してくれるだろう。

98

大きな目標を持てば、大きな試練に遭遇する。

しかし、大きな成果は間違いなくある。

「少年よ、大志を抱け」という言葉がある。

なぜ大志を抱くべきなのか。答えは簡単だ。大きな志も小さな志も、同じ脳みそが考えているからだ。

たとえば、「一カ月に1000万円稼ごう」と思って努力する場合と、「一カ月に100万円稼ごう」と努力する場合がある。一カ月に稼ぐ額は大きく異なるが、稼ごうと考える脳みそは同じものである。

だから、大志を抱いた方が得なのだ。大志を抱くには、ただ心にある〝貧乏や心配というブレーキ〟を解放すればいいだけである。

ただし、大きな目標を持てば、大きな試練にも遭遇する。しかし、大きな成果も間違いなくやって来る。だから、大志を抱け。

グリコの社長は
キャラメルが
好きなわけではない。

99

グリコといえば、キャラメル。このキャラメルを作った江崎グリコの社長は、キャラメルが好きだったのだろうか。答えはノーだ。

お菓子産業は何兆円の産業だ。江崎グリコの社長は、そのお金の流れの中でヒット商品を狙っただけだ。グリコーゲンという成分に目をつけてキャラメルを作り、さらに、キャラメルの上におもちゃをのせて、ライバルの森永製菓に勝ったのである。この資金をもとにして、ポッキーも売り出した。その結果、ポッキーだけで1000億円の売り上げを誇るという。

つまり、ビジネスで儲けるためには、好き嫌いは関係ない。市場と、ヒット商品を手に入れることが必要だ。

ネットワークビジネスの場合、どこにもない、どこにも負けない商品を持つ会社、特許を多く持つ会社をみつけ、トライする必要がある。

親の背が低いと、
子はジャンプして
頭を打つ。
親の経済力で
子の成長も決まる。

100

背が低ければ、天井が低い家でも問題はない。しかし、子どもは成長するにつれて、親よりも身長が高くなる。そのとき、ジャンプでもしようものなら、天井に頭をぶつけてしまう。そんな天井の低い家で子どもを育てていたら、成長はとまってしまうだろう。

この〝親の背〟は、経済力にたとえられる。子どもは「パパ、○○が欲しい」「私立の大学に進学したい」「留学したい」といろいろな夢や要望を親に言ってくるものである。親に経済力があれば、すべてを叶えてあげることができる。親に経済力がなければ、「うちは貧乏なんだから、そんなことにお金は出せないよ！」と何も叶えてあげることはできなくなる。

子どもを大きく成長させたいなら、親は広い視野を持ち、経済力を身につけなければならないのである。

101

「アニョハセヨン」と「カネカセヨン」。類似語に気をつけよう。

アニョハセヨン　と　カネカセヨン（金貸せよん）
パプアニューギニア　と　パパハギューニューヤ（パパは牛乳屋）
ルイ・ヴィトン　と　シキブトン（敷布団）
どれも音は似ているが、中身はまったく違う。
ビジネスをするなら、似ているようで、まったく違うものを見分けなければならない。
見分ける基準となるもののひとつが特許だ。世の中には同じような商品がたくさんある。しかし、そのなかで特許をとっている商品はひとつだ。特許のまねっこをやっている会社が成長するはずはない。最終的に生き残れるのは特許を持つ会社なのである。
会社が特許を持っているのか、そしてしっかりした経営をしているのか、それらを見極めてからビジネスに参加しなくてはいけない。

マネーリッチ、タイムリッチ、フレンドリッチ。

このフリーダムは経済力で叶う。

102

たとえば、ヤギの動物園があったとする。ヤギの動物園には、太ったヤギ、やせたヤギ、背の高いヤギ、背の低いヤギ、子どものヤギ、角が生えたヤギ。いろんなヤギがいる。しかし、こんなヤギだけの動物園に遊びに行って楽しいだろうか。楽しくはない。

人生も同じだ。お金がたくさんあっても、時間も友達もなければ幸せになれない。時間ばかりがあっても、お金や友達がなければ暇をもてあます。友達がたくさんいてもお金も時間もなければ一緒に遊ぶことすらできない。

つまり、お金も時間も友達も、バランスが大切なのである。

では、このバランスを保つためにはどうすればいいのだろうか。それが、権利収入的な経済力を身につけることだ。権利収入的な経済力を身につけることで、この3つのフリーダムは叶えることができるのである。

知識で分かっていても何も実行しない人は、学歴貧乏人という。

103

世の中には、優秀な大学を卒業し、大企業に勤め、周囲からいかに高い評価を受けるかということばかりを考えて生きている人が多い。彼らは、とても豊富な知識を持っているはずだ。しかし、なぜかサラリーマンという座に落ち着き、経済力を得ようとしない。一流の人生を送ろうとしない。

本当は、経済力を得る方法を分かっているはずだ。ただ、それを行動に移さないだけだ。そのままでは、どんなに優秀な大学を卒業しても、学歴貧乏人といわざるを得ない。一流の人生を送るためには、「分かる」を「できる」に変えていかなければならない。

そのためには、経済力を得るための体験をすることである。頭で分かっていたことを実際に体で実感できれば、「できる」に変えられるのである。人生は大きく変化するだろう。

104

焦って結婚、ゆっくり後悔、プロポーズあの日に戻ってお断り。

女性が結婚するなら、テーマは経済力だ。

世の中の女性は、結婚適齢期というものに左右されて、結婚を決めてしまう人が少なくない。その結婚生活を長く続けていくと、徐々に後悔をして、結婚を決めた日に戻って白紙にしたいなどと思うものである。

その理由の多くは経済力だろう。女性であるあなたが、夫の経済力で生活していこうと考えるなら、しっかり見極めてから結婚するべきだ。

あるいは、あなたが経済力を身につけられるのであれば、女性のビジネスを否定するような夫ではダメだ。

結婚する前にしっかり考えろ。すでに結婚していて、理解の得られない夫を持っているなら自立の道を考えろ。

105

金は天下のまわりもの。
でも、貧乏人には
まわらない。

居酒屋で「将来、お金持ちになりたい」という人に、「今、どんな準備をしていますか」とたずねると、だいたい何の準備もしていない。要するに、お金が勝手に自分のところにやってくることを期待しているだけだ。しかし、お金は誰のところにも勝手に回ってくるものではない。

お金が回ってくるというチャンスをつかめる人は、お金のことを常に考えて、希望を持って、目標を持って頑張っている人だ。

だから、「お金持ちになりたい」と言ってなんの準備もしていない貧乏人のところにはお金は回ってこないのだ。そもそも、そんな人は心の中では成功できないとあきらめているだろう。

お金持ちになりたいなら、お金持ちになる準備をしなさい。

106

何事も本気でやるから
おもしろい。
本気でやるから
たいていのことはできる。
本気でやるから
誰かが助けてくれる。

世の中には喜怒哀楽がない人がいる。しかし、お金は喜怒哀楽がはっきりしている人のところにやってくる。

たとえば、家で火事が起きたとき、蚊が泣くような声で「火事です……、火事です……」と言っていても誰も助けに来てくれない。大きな声で「火事だ——————！」と言う人のところにはたくさんの人が助けに来てくれる。

人もお金も、本気で取り組み、豊かな表現ができる人のところに集まってくるのだ。

小さな声でボソボソとビジネスの話をしていても、誰にも伝わらない。すばらしいビジネスに出会ったのなら、「すごい！」と言う。「すごい！」と言うから人が集まってきて、それがどんどん広がっていく。

107

人生には4つの風が吹く。
また、人生には四季がある。

北風、南風、西風、東風がある。南風はあたたかく、北風は身震いする。

多くの人との出会いのなかでも、北風の予兆を感じるときがある。「こいつ、なんとなく危ないな」。そのとき、その風にうまく対応しなくてはいけない。対応を間違えると、あなたの人生も危うくなる。正しい対応ができれば、完璧な生き方ができるだろう。成功者はこの風を上手に読む、つまり時代を読むことに長けているものである。

また、春、夏、秋、冬という四季がある。春はぽかぽかと気持ちよく、冬は寒くて辛い。

長い人生を生きていくなかでも、四季のように楽しいこと、辛いことなどさまざまな出来事が起こる。重要なことは、冬が来たときの構えができているかどうかだ。

北風が吹いたときも、冬が来たときも豊かに幸せに過ごせる経済力を身につけておかなければならないということである。

108

〝できない〟を
〝できる〟に変えるのが
松岡修造、
〝分かる〟から
〝できる〟に変えるのが
新川紗敏。

しっかりした経済力を土台に持つと、いろいろなことが思った通りになる。子どもの教育、旅行、家を持つ、両親の面倒をみる、やりたかった夢を叶える、趣味を広げる……ひとつだけでなく、多くのことを実現できる。

私は、期限付きの目標を立てて、それを達成・実現してきた。それが、分かるからできる、ということだ。

私は、毎月のメンタルセミナーで〝分かる〟から〝できる〟に皆を導いている。誰しもこのセミナーを真剣に聞けば、そして同じようにやれば、〝分かる〟から〝できる〟になれる。そして、それはつまり、経済力を手に入れられるということだ。

成功したい人、経済力を手に入れたい人は、私についてきなさい。

あなたを成功に導く
108の心得

2017年3月1日　初版発行

著　者　　新川紗敏
発行者　　成田利明
発　行　　株式会社日本流通産業新聞社
〒103-0026
東京都中央区日本橋兜町11-11
TEL.03-3669-3421　FAX.03-3661-5509
発　売　　株式会社サクセスマーケティング
〒103-0026
東京都中央区日本橋兜町11-11
TEL.03-5640-1811　FAX.03-5640-1813

編集協力　　門川ゆかり
装丁・DTP　　株式会社パルテノス・クリエイティブセンター
印刷・製本　　情報印刷株式会社

落丁・乱丁本は、お取り替えいたします。
本書の内容の無断転載・複写を禁じます。
©2017 Satoshi Shinkawa
Printed in Japan
ISBN978-4-915962-49-3　C0034